CHANSONS INÉDITES

DE

C. CONSTANT,

Médecin à Hénin-Liétard.

PRIX : 1 FR 25 C.

DOUAI,

CHEZ ADOLPHE OBEZ, LIBRAIRE,
rue de Bellain, 4.

1845.

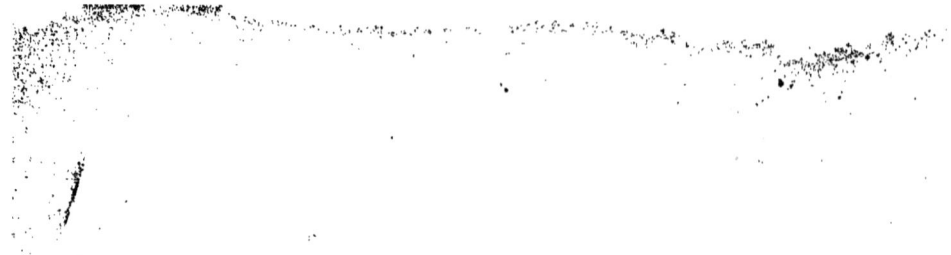

CHANSONS INÉDITES

DE

C. CONSTANT,

Médecin à Hénin-Liétard.

PRIX : 1 FR. 25 C.

DOUAI,

CHEZ ADOLPHE OBEZ, LIBRAIRE,

rue de Bellain, 4.

1845.

DOUAI. — Impr. de CRÉPEAUX.

Chansons inédites.

Ma Patrie.

Air: *Quand tout renait à l'espérance.*

Quand je vais revoir ma patrie,
En moi règne le seul plaisir ;
En partant, mon àme ravie,
Sait à peine se contenir.
Lorsque l'aurore au teint de rose
Annonce le réveil du jour,
Sous un arbre je me repose
Pour admirer le plus riant séjour.

En approchant de ce rivage,
Je sens renaître dans mon cœur
Ce qu'inspire ce paysage
Et son écho plus enchanteur.
Quand des bois la fleur est éclôse,
Quand l'oiseau chante son amour,

1

Sous un arbre je me repose
Pour admirer le plus riant séjour.

J'aime à contempler la nature,
A sentir le parfum des fleurs,
A voir briller sur la verdure
Le doux émail de leurs couleurs.
Un clair ruisseau gaîment arrose
Nos prés fleuris ; là chaque jour
Sous un arbre je me repose
Pour admirer le plus riant séjour.

La bouteille.

Air: *Toi qui vas cherchant à la ronde.*

Amis c'est aujourd'hui la fête,
Soyons à ce joyeux festin ;
Sans trop nous échauffer la tête
Savourons gaîment le bon vin.
Apportez-nous une bouteille,
Nous ferons sauter le bouchon,
Puis couler le jus de la treille,
Et nous viderons le flacon.

Après un repas si splendide
Enivrés d'un si doux nectar,

Versons à l'estomac avide,
Versons et buvons sans retard.
Apportez-nous, etc.

Voyez là cette foule immense,
Et ce bal qui charme les yeux ;
Ces grisettes en contredanse,
Et tous ces buveurs si joyeux.
Apportez-nous, etc.

Pour bien couronner cette fête,
Terminons par un gai refrain ;
Et pour la rendre plus complète,
Amis ayons le verre en main.
Vidons la dernière bouteille ;
Gardons pour demain le bouchon
Ainsi que le jus de la treille
Contenu dans le vieux flacon.

Le premier baiser.

Air : *Dis-moi gentille Bergerette.*

Ah ! dis-moi, ma tendre maîtresse,
Si ton amour est tout à moi ?
Tes yeux m'expriment ta tendresse,
Mais mon cœur demande pourquoi

Tu ne viens pas, ma douce amie,
Dans mes bras combler mon bonheur ;
Au moins donne ta main chérie
Que je la presse sur mon cœur.

Surtout ne me fais pas un crime
De t'aimer avec tant d'ardeur ;
Mais prends-moi pour seule victime
De ton amour et ton bonheur.
Car ne vois-tu pas mon ivresse
Lorsque tu daignes t'approcher ;
Viens donc apaiser ma détresse,
Sans toi je ne puis exister.

Hâtons-nous, profitons, ma chère,
De ces instans si précieux :
Tu vas te rendre, je l'espère,
A ce que demandent mes yeux.
Ah ! viens donc, ah ! je t'en supplie,
Viens m'accorder un doux baiser ;
C'est le seul bonheur que j'envie,
Veüillé ne pas le refuser.

Le besoin d'aimer.

Air nouveau par C. Constant.

Aussitôt que, belle inconnue,
Je te vis la première fois,
Oh! je sentis mon âme émue,
De l'amour je subis les lois.
Alors une secrète flamme
Qui ne cessa pas de brûler,
S'empara bientôt de mon âme ;
Je sentis le besoin d'aimer.

Depuis ce jour où la tendresse
S'empara de mon faible cœur,
Je ne vis que dans la tristesse,
Loin de l'objet de mon bonheur.
Viens alléger par ta présence,
Le poids dont je suis opprimé ;
Car toujours pendant ton absence,
Je sens le besoin d'être aimé.

Combien de tourmens et de peines
L'amour renferme dans son sein ;
Que, loin de toi, reine des reines,
J'éprouve d'ennui, de chagrin.

Àh ! prends pitié de ma souffrance ,
Viens dire pour me consoler :
Je te jure amour et constance ;
On ne peut vivre sans aimer.

Le Conscrit dévoué.

Air : *La République nous appelle.*

L'art militaire nous appelle ,
Sachons être vaillant soldat,
Doux et tendre auprès d'une belle ,
Voilà pour bien servir l'État.

Le jour est arrivé
Où le sort nous désigne ,
Que chacun se montre empressé
Pour une carrière si digne ;
Adieu ! je pars , chère Marie ,
Je pars pour servir ma patrie.
L'art militaire , etc.

Amis , préparons-nous ,
Il faut prendre les armes !
Il n'est point de plaisir plus doux ;
Pour moi , j'y trouve tant de charmes
Que j'y consacrerais ma vie ,

Sans ma mère, sans mon amie!
L'art militaire, etc.

Volons au champ d'honneur;
La gloire nous appelle,
Remportons, d'un guerrier vainqueur,
La noble couronne immortelle!
Montrons toujours de la vaillance,
Vivons et mourons pour la France!
L'art militaire, etc.

J'espère encore un jour,
Revoir ma vieille mère;
J'espère encore à mon retour
Retrouver celle qui m'est chère;
Guidé par l'amour et la gloire,
Je pars, certain de la victoire,
L'art militaire, etc.

Conscrits, vite au combat!
Déjà le clairon sonne;
Courons, précipitons nos pas,
Car le courage nous l'ordonne!
Embrassez-moi, ma tendre mère,
Ma chère amie et mon bon frère.
L'art militaire, etc.

Je veux n'aimer que toi.

Air : *Douce jouvencelle.*

Douce Clémentine,
Prends cette églantine,
Pour marque d'amour :
Que la fraîche rose,
Par zéphir éclose,
Charme ton séjour.
Que ton cœur s'attache à moi.
Sois moins fière,
Moins sévère,
Car je veux, je veux n'aimer que toi.

Trésor de mon âme,
Tu lis dans ma flamme !
Un tendre désir :
Que tes cheveux d'ange,
Au parfum d'orange,
Soient mon souvenir.
Coupe une boucle pour moi.
Confiance,
Et constance,
Dis : Je veux, je veux n'aimer que toi.

La promenade à deux.

Air : *Amis, la matinée est belle.*

O toi, mon aimable compagne,
O toi qui sus fixer mon cœur,
Viens contempler dans la campagne
Les merveilles du Créateur.
Allons cueillir la fleur nouvelle,
L'amour nous attend ;
Je veux l'offrir à la plus belle,
Vénus nous entend ;
C'est toi, ma déesse, que j'aime tant!

Ah! pour moi quelle douce ivresse,
D'avoir un instant par le bras
L'ange que sur mon sein je presse,
Loin de tout bruit, tout embarras.
Allons cueillir, etc.

Que je chéris le doux ombrage,
Où l'on respire la fraîcheur,
Quand perce à travers le feuillage
De Phœbé la pâle lueur!
Allons cueillir, etc.

Viens nous promener en silence,
Loin de ce bal impétueux ;

Sans vouloir blesser la décence,
Viens épancher nos cœurs tous deux.
Allons là , sous le chèvrefeuille,
Goûter le bonheur.
Viens dire sous sa douce feuille :
Garde-moi ton cœur,
Et sois constant, ô toi que j'aime tant!

Oui, j'aurai beau faire.

RÉPONSE.

Air : *Vous avez beau faire.*

Oui, j'aurai beau faire,
Quand tu me diras :
Moi je veux vous plaire,
Ah! tu me plairas!

Tu fus boudeuse,
Capricieuse,
C'était pour me faire enrager ;
Tu perds ces vices,
Et ces malices ,
Pour moi, dis-tu , tu veux changer.
Plus que personne,
Tu seras bonne,

Si bonne qu'il faudra t'aimer.
Par ta manière,
Douce et moins fière,
Tu sauras bien me désarmer!
Oui , j'aurai beau faire, etc.

Pour ta toilette,
Un peu coquette,
Tu vins à ce bal l'autre jour
En bergerette,
Fort gentillette ;
Ton costume était un amour.
Mais toi si belle,
Charmante Adèle,
Et ce bouquet qui te rendait
Si séduisante ,
Si ravissante ,
Te semble laid s'il me déplait.
Oui , j'aurai beau faire, etc.

Ah! pour me plaire
Tu veux tout faire :
De mes rivaux aurais-je peur ?
Tendres paroles,
Discours frivoles ,
N'arrivent pas jusqu'à ton cœur.
Non ! plus de fêtes,

Plus de conquêtes,
Si j'en éprouve quelqu'émoi,
Pour la retraite,
Te voilà prête,
Tu ne veux donc suivre que moi ?

J'aurais eu beau faire,
Dans mes yeux tu lôs
Qu'en voulant me plaire,
Bientôt tu me plôs.

Pleurs d'amour.

Air : *Il est parti depuis l'aurore.*

Depuis un mois, ange adorable,
Que je sens mon cœur agité!...
Je te trouve la plus aimable,
Si l'on cite quelque beauté.
Adèle! oh! ta douce présence
Porte le trouble dans mon cœur...
Et combien, pendant ton absence,
Je gémis d'ennui, de douleur!
  Ah! je vous supplie,
  Chaste reine des cieux,
  Ramenez-moi ma douce amie,
  De pleurs d'amour baignez mes yeux.

Mon cœur ardent et combustible
Fut embrâsé par ta chanson ;
Puis une émotion visible,
A ton aspect rougit mon front...
Adèle, écoute, mon amie,
Un penchant m'entraîne vers toi ;
Tu m'attaches seule à la vie ;
Ressens-tu le même que moi?...
     Ah! je vous supplie, etc.

Reviens, reviens, belle sylphide,
Me consoler dans mon malheur ;
Car loin de toi , vierge candide,
Il n'est plus pour moi de bonheur.
Adèle ! — Ah ! j'accours à tes larmes,
Moi comme toi je soupirai ;
Mais calme toutes ces alarmes,
Près de toi je me fixerai.
     — Je vous remercie,
     Chaste reine des cieux !
     Conservez-moi ma douce amie,
     Pleurs d'amour, inondez mes yeux.

Un baiser.

Air : *Ton nom c'est ma prière.*

Sous un ciel sans nuage
Quand , avec ma beauté ,
Je goûte du feuillage
Le zéphir embaumé ;
Là , je puis en silence ,
Loin d'un monde envieux ,
Dire ce que je pense ;
Et pour me rendre heureux :
Un baiser , un sourire ,
Ne sont pas refusés ,
Quand deux cœurs en délire ,
D'amour sont embrasés !

Si , dans un jour de fête ,
Un bal nous réunit ,
J'invite ma conquête ,
Quand le galop finit ,
A venir sous l'ombrage ;
De mon bras je soutiens
Son flexible corsage ,
Et c'est là que j'obtiens :

Un baiser , un sourire ,
Qu'on ne peut refuser ,
Quand l'amour en délire
Est là pour commander.

Puis le soir sur ma couche ,
Enivré de bonheur ,
Je ressens de sa bouche
Le parfum enchanteur ;
Et la nuit je sommeille ,
La pressant sur mon sein ;
Mais hélas! je m'éveille ,
Elle s'enfuit soudain !...
Son baiser , son sourire ,
Et ses beaux yeux baissés ,
Dans mon âme en délire ,
Sont encore tracés !

La femme de commerce

D'HÉNIN-LIÉTARD.

Air consacré à la fête d'Arras.

Connichez-vous din l'ru' d'l'Aby ,
Unn'fimm' qu'alle est toudi din s'n huis ?
Ubin ché qu'alle est d'din sin lit

Criant dé s'poitrenne
Qu'all'perd és'nhaloenne
Et qu'alle a s'n estomma brûlé
Pour avoir du potage à lé.

Et n's'a-t-ell'point immaginné
Ed'voloir vinde du café,
Pour attirer chés blancs-bonnets
Et prind' lés pratiques
D'chés autés boutiques
In criant à tous chés passants :
Parlez-chi , j'ai du biau chuc blanc.

Mé ch'n'est mi tout dà , min garchon ,
Alle a fait arringer s'mason ,
Et puis in a écrit sin nom
Sur unn'bielle einsenne
Qu'all'pind comme unn'roenne
D'zeur chell'damm' qu'all'vient là s'poser
Pou mette unn'bonn' prise à sin nez.

Mé ché qu'quand qu'il arriv'sus l'soir ,
All'n'attind point qui féch'trop noir :
Wuidiant bin vîte éd'sin comptoir ,
All's'in va dépinde
Ch'tableau pou lé r'prinde ;
Alle a peur qu'in l'voich'barbouiller
D'unn'pommad' qu'jé n'veux point lommer.

Sin boutique il est bin monté :
Alle a chinquante artic's passé ;
All'vind aussi du bon café,
Dés pronn's, dés chériges,
Dés boutons d'quémiges,
Et dés poir's cuit's pour vous r'chinner,
Si vos nin volez aquater.

Comme alle est av'nant'chell'fimm'là :
L'aut'jour un infant pass'par-là ;
All'l'arrète aussitôt drolà,
Li fourre éd'din s'tasse
Pou faire unn'bonn' tasse ;
Impochant s'nargeint aussitôt ,
All'li dit : r'porte éch'la , min tiot.

Ch'l infant est tout au plus rintré ,
Qui donne à s'mère sin café.
—In du qu'ch'été qu'in t'l'a donné ?...
—Du qu'in vind d'zimages ,
D'zhérins , dés fromages...
—Vas-t'in bin vîte el lé r'porter...
Et chell' fimme a r'pris sin café.

A ch't heur' faut parler d'sin garchon :
Y va proum'ner dés macarons
Din un tiot tonniau bleu tout rond ;
Y s'in va l'diminche ,

Quand qué l'dans'quéminche ;
Din ch'cabaret y va grimper ,
Et puis in l' fait dégringoler.

Y veut aussi éte impailleux :
S'z ogiaux ont l'air tout maladieux ,
Aveucque d'l'ambrouch' din leus yeux.
Y sont , comm' leu maîte ,
Sés comme unne équette ;
In dirot l'hospic' dés quinz'-vingts
Qui veut fair' vir à cheux d'Hinnin.

Din pét-éte unn'vingtoenn' d'ogiaux ,
In peut compter cheux qu'il a d'biaux :
Ché comme un régimint d'chameaux
M'nés par unn' pouliette
Plachée à leu tiète.
Sin compèr' loriot , a , dit-on ,
Fait les quimpoinn's d'Napoléon.

Si vos verrot's sés jonnés d'cat ,
Ses tiens , ses seuris et sin rat...
Ché qu'il espèr' qui les vindra ,
Car à s'tiot' ferniète
Au mitan d'sés biettes
Sur unn' carte y s'dit impailleu ,
Mé tous s'zogiaux l'lomm'nté minteu.

In peut bin ploindre éch'pauv' patron ,
D'avoir unn'fimm' comme un dragon ;
Ché comme un tiot tien din s'mason :
L'semm'di quand qui rinte ,
Au lieu d'boire unn' pinte ,
Y prind ch'ramon pour li laver ,
Pindant qué s'fimm' s'in va couquer.

Ch'bon homm' déjà si r'crant d'ouvrer ,
Quand qu'il a tout fini d'laver ,
Y faut qui prinche és'z auffriers
Qui s'mèch' tout à nage
Pou faire és'n ouvrage ;
Et point personn' pou l'assister ,
Si ch'n'est quéqu' fos s'fimm' pour qu'mander.

All' dit qu'all' sin va l'fair' quitter ,
Tout s'n ouvrag' pour aller proum'ner ,
Dés mouchos qu'all' veut aquater ,
All' crie , all' l'assomme ,
Il est trop bon homme ,
All' s'rot pus douch' si l' f'rot danser
A cos d'bàton comme un bodet.

Informez-vous din tout Hinnin
Si quéqu'un peut dire autermint.
S'il exiss' din l'départémint
Unne aut' fimm' parelle ,

J'veux qu'in m'cop' l'orelle ;
Mé vaurot mieux li coper s'lan
Pou servir d'einsenne à ch'passant.

Vénus, Bacchus et Momus.

Air nouveau par C. Constant.

Si Vénus, de mon être embrase l'édifice,
Aux pieds d'une beauté je dépose mon cœur :
Pan ! j'éclate soudain comme un feu d'artifice,
Ma flamme l'éblouit, et je suis son vainqueur.
De là je recommence auprès d'une autre belle,
Le lendemain encore, édition nouvelle.
Vénus, Bacchus, Momus, sont mes dieux favoris,
Je fais l'amour, je chante et je bois et je ris.

Mais pour fêter Bachus, vidons cette bouteille,
Mon précepte est d'aimer femme jeune et vin
[vieux :
Car qui ne boira pas cette liqueur vermeille,
Jamais ne gagnera le royaume des cieux.
Moi, pour gagner le cœur d'une beauté rebelle,
Et pour me consoler d'une amante infidelle :
Vénus, Bacchus, Momus, sont mes dieux favoris,
Je fais l'amour, je chante et je bois et je ris.

Momus est mon idole , et la plaisanterie
Fait mon bonheur, et plaît au milieu d'un festin.
Mes amis, comme moi passez gaîment la vie ,
Et quand viendra le jour qui doit marquer ma fin,
Qu'un tonneau soit ma tombe et mes dieux ma
[richesse ;
Mais jusque-là, chantons et répétons sans cesse :
Vénus, Bacchus, Momus, sont mes dieux favoris,
Je fais l'amour , je chante et je bois et je ris.

Le Médecin
ET LE PHARMACIEN.

Air : *J'sis marié dépuis ch'matin.*

Moi, j'suis méd'cin , vous, pharmacien,
Soyons toujours d'accord ensemble ,
Et nous pourrons bien , ce me semble ,
Faire la queue au plus ancien ,
Turc , All'mand , ou Prussien.

Quand vous m'enverrez un malade ,
Je ferai sur ma prescription ,
Un p'tit signe avant la pommade ,
Pour vous dir' : Prenez , il fait bon !
Mais si c'était un pauvre diable ,
Au lieu de prendre mill'pour cent ,

Ou lui mettrait , comm'misérable ,
Moitié d'eau pour moitié d'argent.

(Parlé). N'est-il pas vrai ? De cette manière on sait
toujours à quelle sauce arranger le poisson.—Parbleu !
Asinaut , tu as parfaitement raison. Mais dis-donc ,
tâche un peu de me faire vendre tous ces dépôts de
vieilles drogues qui moisissent dans tous les coins de
ma pharmacie ; j'ai beau faire placarder les murailles
d'affiches monstres de toutes couleurs , c'est comme si
je chantais ; au contraire, tout ce que j'y vois, c'est que
mon argent s'envole en lambeaux de papier. Tiens,
vois-tu là-bas sur cette planche, c'est le Topique Copo-
ristique ; ici , le Kaïffa d'Orient, l'Allataïm du Harem,
le Vakaka des Indes, le Racahout des Arabes, dont j'ai
encore là au grenier un vieux sac auquel on n'a pas
touché ; mais par exemple, pour celui-ci, si tu ne trou-
vais pas à m'en débarrasser, comme ce n'est que de la
farine de *gruau* à laquelle on mêle un peu de sucre en
poudre au moment de l'employer, je pourrais m'en
servir pour engraisser mes porcs. — Soyez tranquille,
je ferai votre affaire.

Moi , j'suis méd'cin , etc.

Mais savez-vous que c'la m'désole
De voir si peu d'malad's maint'nant ;
D'mes enfans faut que j'pai' l'école,
L'avoin' d'mon ch'val et mon log'ment.
Faudra m'mettre en d'voir , si c'la dure ,
D'casser les jamb's au premier v'nu ,
A coups d'fusil , c'est un' chos' dure ,
Mais la nuit on n'est pas connu.

(Parlé). C'est un moyen tout comme un autre ; mais un peu bruyant, tout de même. On pourrait trouver mieux que cela : comme par exemple, tendre une corde le soir dans un lieu de passage, ou plutôt : jeter au milieu du pavé une demi-douzaine de pommes cuites ; cela ferait faire quelques belles pirouettes !... Un instant après, vous voyez accourir un homme essouflé, en criant : vîte ! monsieur Asinaut, ma femme a une jambe cassée, malheureusement c'est qu'elle est enceinte ! Aussitôt on inonde la blessée d'un déluge d'eau-de-vie camphrée, et pour la soulager, on lui fait avaler quelques bouteilles de Sirop de Nafé d'Arabie ; si cela ne guérit pas son mal, cela diminue du moins le poids de sa bourse.

Moi j' suis méd'cin , etc.

En ce moment, dans ma pratique,
Plusieurs jeun's fill's s'plaign'nt de maux
[d'dents ;
Il faudrait un odontalgique
Pour borner l'trou qui s'creus' dedans.
Car vous savez qu' tout's les d'moiselles
Tiennent surtout à la beauté ;
Puisque pour plair', plusieurs d'entr'elles
Sacrifi'nt jusqu'à leur santé.

(Parlé). Et même aussi leur fidélité : j'en connais des des exemples.... mais n'en disons pas davantage, laissons le reste à deviner à ceux qui ne sont pas au courant de la pratique ; pas vrai, père Voracin ? — Oui, oui, c'est juste. Ah ! ça, tu sais bien que je t'attends demain pour prendre le café avec moi ; j'ai encore là

une vieille bouteille en réserve pour un ami, nous ferons sauter le bouchon ! Après cela, je te ferai voir quelques nouvelles préparations que je viens de recevoir ; il suffira de les employer une couple de fois chez les principaux de l'endroit, pour les mettre à la mode. Nous avons entr'autres : l'*Extrait de Monésia*, plante qui croît à Paris, dans la tête fertile des savants ; l'*Eau de mars*, spécifique supérieur contre les maux de dents, la carie, etc. — Ah ! ah !... mais il vous reste encore de la *Créosote*, pour les dents ? — Oui. — Eh ! bien, nous allons toujours l'employer ; ensuite nous essayerons l'eau de mars. — C'est cela ; viens dîner demain avec moi, nous nous entendrons là-dessus. (*Il donne une poignée de main au médecin qui s'en va en chantant le refrain, et rentre aussitôt en commençant le dernier couplet.*)

Moi j' suis méd'cin, etc.

De retour d'un petit voyage,
Je m'rends à votre invitation ;
Pour accepter, quand on m'engage,
C'la n'souffre pas d'constestation.
Mais dit's-moi donc, pour notre affaire,
Si votre *eau d'mars* réussissait,
Mes instrumens que d'vrais-je en faire ?
Ils m' font gagner ! tout l' mond' le sait.

(*Parlé*). Vous n'ignorez pas que cela me rapporte de l'argent : A un franc par dent, quand j'en ôte trois ou quatre à la même personne, cela commence à monter !... — Mais crois-tu que les médicamens produisent des effets merveilleux, pour guérir des dents gâtées ?... Tu

te trompes fort; ils ne font que retarder l'opération de
quelques jours, et pendant ce temps-là, tu empoches
toujours la moitié du gain que nous retirons de nos
médicamens, comme nous en sommes convenus; or,
ces petites bouteilles que je vends trois francs, ne me
coûtent pas cinquante centimes; reste donc à chacun
un franc vingt-cinq; qu'en dis-tu?—Bravo! bravo!
nous sommes d'accord. Un moment, je vais leur en
faire avaler de ces bouteilles à trois francs!.. S'il en
faut deux gouttes, j'en mettrai bien vingt!...—Allons,
mettons-nous à table. Marie! allez chercher une bouteille à la cave; vous prendrez dans le coin à gauche. —
Hé! dites donc, est-on venu, ce matin, chercher vingt
sangsues pour madame de Lassalle?—Non.—Alors on
va venir. Il lui fallait une saignée, mais j'ai réfléchi
q l'elle pouvait bien payer une vingtaine de sangsues.—
Allons, c'est bien; là-dessus il faut boire un coup : à la
mémoire du grand Hippocrate!—Et de nos bons ma-
lades qui nous engraissent à leurs dépens, et qui nous
font savourer ce vin et manger ces poulets si délicats!
—Il faut avouer, tout de même, que nous sommes de
fameux gueux, entre nous; mais le bourreau ne demande qu'à pendre, dit-on; et nous, nous changeons le
mot en lui faisant prendre l'r; c'est-à-dire que nous ne
demandons qu'à prendre. A chacun son état.—C'est
juste.—Allons, vidons nos verres.—Oui, c'est cela;
buvons à notre santé et chantons :

Viv'nt le méd'cin et l'pharmacien
Qui sont toujours d'accord ensemble!
Ils ont raison de boir', ce m'semble,
Car ils suiv'nt la loi d'un ancien,
Grec, mais non pas Prussien.

Le Fabricant

DE SUCRE INDIGÈNE.

Air : *Mes grands rivaux font leur recette.*

(Parlé.) Accourez, braves gens ! venez, bouches su-
crées, mangeurs de biscuits, de pâtisseries et de confi-
tures; nous avons découvert un trésor !... Arrivez aussi-
vous tous qui avez l'estomac tapissé d'une vieille gas-
trite, vous allez renaître sous l'influence de notre heu-
reuse découverte ! Abandonnez votre laitage et vos
pommes-de-terre... on va maintenant sucrer les viandes
au lieu de les saler : andouilles, jambons, saucissons,
cornichons, tout cela sera confit dans le sucre... Quelle
douceur !...

Accourez tous, peuples d'esclaves !
Venez, nous allons fabriquer
D'excellent sucre de bett'raves ;
Pour le coup nous n' pouvons manquer !

J' viens d' faire arranger un' fabrique
Oùsque l'on peut tout employer,
Homm's, femm's, enfans et tout' la clique
Que l'on rencontre dans l' quartier.
Plus d'embarras maint'nant, je pense,
Nous aurons l'sucre à volonté ;
On pourra boire en abondance,
Sirops, liqueurs, punch et café.

(Parlé.) Du café!... vous entendez, femmes?... avec
un morceau de sucre gros comme le poing .. quel dé-
lice!... Il sera si bon qu'on ne pourra plus s'en passer.
Un autre avantage : vot'moutard vient-il à tousser?
vous courez chez l'pharmacien, il vous donne une bouteille de sirop pour deux sous!... oh! on en deviendra
soul. Ce n'est pas tout : la volaille telle que pigeons,
chapons, dindons, oisons, cochons, hérissons et toute
la basse-cour va s'engraisser avec du sucre, de la mé-
lasse!... et de cette manière les animaux seront déjà
tout sucrés avant d'être tués ; quel immense avantage !...
Mais, pauvres bêtes ! on sera tenté de les croquer en les
voyant courir !

Pour les bett'rav's quels bons terrrains,
Nous somm's dans l'sucre jusqu'aux reins !

(Parlé.) On ne fera plus comme en certains pays, où
l'on attachait au plancher une ficelle au bout de laquelle
pendait un morceau de sucre gros comme une noisette,
et que chacun suçait en prenant le café.

Accourez tous, etc.

Voyez donc comm' tont c'la manœuvre,
Ces ouvriers, c' manèg', ces ch'vaux ;
C'est vraiment le plus grand chef-d'œuvre
Qu' les homm's aient tiré d' leurs cerveaux.
La rape... ah! mon Dieu, vot' casquette!...
Réduite en poudr'!... c'est un essai ;
Mais n' laissez pas tomber vot' tète,
Cà f'rait d' la tèt'- pressé', Dieu sait !

(Parlé.) Ne passez pas si près d'la roue... prenez garde! Ah! vous voilà pris... Arrêtez, arrêtez la machine! Ah! continuez; l'homme est décroché, mais la peau du ventre est restée avec une pièce de blouse et de pantalon!... Cré matin, mon cher, vous avez fait au moins vingt-cinq moulinets?—Je ne les ai pas comptés... Ah!... je me trouve mal...—Vite! un peu d'eau fraîche... jetez-lui en à la figure; bien.—Aye! aye! aye! aye! ça m'brûle les yeux!—Qu'est-ce que c'est?... ah! l'imbécille!... c'est de l'acide sulfurique! Tu perds la tête? Vite, vite, un seau d'eau!...—Assez!... je me sens beaucoup mieux.—Eh! bien, brave homme, vous voyez qu'ça a la force d'une machine infernale!—Oh! oui, c'est une machine à faire mal, et beaucoup de mal, encore...—Ma foi, j'crois que l'diable y serait moulu avec ses cornes!...

Pour les bett'rav's quels bons terrains ,
Nous somm's dans l'sucre jusqu'aux reins !

(Parlé.) Tiens!... il paraît qu'il vous manque aussi quelques doigts?—Oui, malheureusement; mais croyez-vous que j'en serai estropié?—Non, non, parbleu! ils vont r'pousser!...

Accourez tous , etc.

Bon !.. n' v'là t'y pas une autre affaire,
Maint'nant c'est un piston d'cassé!
Il faut toujours faire et refaire
Avec ça qu'on est si pressé.
Si ça continu' j' pourrai dire :
Pour à présent j' suis enfoncé ;

Quoiqu' je puisse à peine y suffire,
Je n' làch' pas que j' n'y sois forcé !

(Parlé.) Ma femme! il faut deux cents francs pour
un piston.—Scélérat!... deux cents francs!... crois-tu
que l'argent pousse ici comme les betteraves?... L'autre
jour six cents, la semaine dernière cent cinquante, et
aujourd'hui encore deux cents?... C'est impossible, tu
ne les auras pas!—Je ne les aurai pas? ah! ben, tiens!...
(il lui donne des coups de pied et des coups de poing)
tiens, coquine!...—Au secours!—*(Un ouvrier accou-
rant avec un bâton :)* Holà!... attends, gueux! Arrête!
arrête! Si je t'attrape!...—Aye! me voilà dans la boue
jusqu'au ventre!... j'ne r'commencerai plus! — *(L'ou
vrier frappant autour de lui :)* Flan!... flan!... Si j'at-
teins, j'te casse la tête!—Grâce! grâce! la boue me
saute à la figure!... ouf!... j'en ai plein la bouche!...

Pour courir quels mauvais terrains,
Je suis dans la bou' jusqu'aux reins !

(Parlé.) Allons, j'vais atteler un cheval pour te débarrasser... Hue!... diah!...—Ho! hé!... j'y suis!... Ma
femme, je vous demande pardon!... Voulez-vous bien
laver mes habits?—Viens avec moi... Tiens, monstre!...
débarbouille-toi dans l'abreuvoir; tu apprendras à na-
ger!—Ah!... ah!... je m' noie!...

A mon secours! peuple de braves,
Nous avons assez fabriqué ;
Le diable emporte les bett'raves !
Ah! pour le coup tout est manqué !

L'ouverture de la Chasse.

Air nouveau, par C. Constant.

Mais bientôt le jour va paraître,
Et l'étoile pâlit enfin ;
Bientôt l'aurore va renaître,
Voici quatre heures du matin.
Le son du cor dans la montagne
Fait redire à tous les échos :
Allons, chasseur, vîte en campagne,
Vole au plaisir, plus de repos !

Tout habillé de gris-poussière,
Voilà notre Actéon qui sort
Avec fusil, chien, gibecière,
Guêtres, blouse et feutre à grand bord.
Au rendez-vous on s'en va prendre
Le petit verre de cognac ;
Puis les chasseurs, sans plus attendre,
Partent tout fumant le tabac.

Bientôt la troupe se disperse
Pour se livrer à ses plaisirs,
Et chacun prend route diverse,
Et marche au gré de ses désirs.

Le chien, guidé par l'espérance,
Balance la queue en chassant ;
Partout il furette en silence,
Tant qu'il rencontre ce qu'il sent.

Le chien arrête avec sagesse :
Des perdrix partent par troupeaux ;
Deux coups tirés avec adresse,
Abattent deux de ces perdreaux.
Plus loin deux coups de maladresse
Manquent un lièvre à vingt-cinq pas ;
Le même lièvre, en sa vîtesse,
Près delà reçoit le trépas !

Ce coup fut comme un coup de foudre
Pour ce chasseur, dès le matin ;
Triste, mais vif comme la poudre,
Il court voir ce riche butin.
En arrivant, tout hors d'haleine :
Je crois, dit-il, en affirmant,
L'avoir touché, dans cette plaine,
Car il a fait un mouvement.

Mais, déçu de son espérance,
Le pauvre homme s'en va s'asseoir ;
Appelant d'un air d'assurance,
Les compagnons sur le terroir.

Par le briquet du feu s'allume,
Chacun prend la boîte à son tour;
De tous côtés le tabac fume,
On cause, on rit du joli tour.

La troupe se remet en plaine,
Sous l'ardeur d'un soleil brûlant ;
Le chien, l'homme bat avec peine
Un sol aride et rebutant.
Quand, épuisé par la fatigue,
La faim, la soif et la chaleur,
Il ne peut plus suivre la ligue,
Il se retraîne avec lenteur.

Feignant un air d'insouciance,
Le vieux chasseur, à son retour,
Sur la table, avec nonchalance,
Dépose sa chasse du jour.
Bref, il s'assied : oh ! quelle fête !
Impatient, il crie enfin :
Allons, la soupe est-elle prête ?...
Vite ! morbleu, je meurs de faim !

La vie d'un Musicien.

Air nouveau par C. Constant.

C'est vrai, Nestor, j' vois qu' la musique
Est le trésor de la santé :
Car si vous êt's mélancolique,
Ça vous ramène à la gaîté.
Point de chagrins, point de tristesse,
Le musicien n' voit que l' plaisir :
Les bals, les fêt's l'occup'nt sans cesse,
Voilà, voilà son seul désir.

(*Parlé.*) Pas vrai, Nestor? Toi aussi tu vas au bal ce
soir?—Parbleu! à qui demandes-tu ça?—Nous y verrons la p'tite noire, sans doute?—Allons donc, la p'tite
noire avec sa figure à gauffrier! Ça n'f'ra jamais qu'une
noire pointée, et qui n'vaut pas même un *soupir!* Moi,
quand j'vois des femmes comme ça, j'prends mon verre
et j'dis :

Boire et chanter, voilà, Lucien,
L' premier princip' d'un musicien.

J'aim' la musiqu', j'aim' les bell's femmes,
Et quand je m' trouve en société,
J' hume le vin, j' courtis' les dames,
En commençant par *Andante*.
Mais si j'aborde une coquette,

J' lui parle très *amoroso* ;

J' la conduis boir', j' fais sa conquête,

Et j' la promèn' *maestoso*.

(Parlé.) J'fais un tour avec ma Vénus, puis j'file avec elle au *Lion-d'Or* : là, j'demande une tasse de vin chaud et une chambre particulière avec *un dièze à la clef*. Nous nous trouvons donc sur le *sol*, et rien qu'à deux... Oh ! ma p'tite bonbonne! les fumées du vin lui montent à la tête, la voilà tout d'suite haussée d'un *d'mi ton!*.. J'en fais ma p'tite femme, et l'lend'main je r'commence, si l'occasion s'présente.

Le vin, l'amour, voilà, Lucien,

C' qui fait la vi' d'un musicien.

Parbleu ! mon cher, veux-tu me croire ?

Pour être ami de la gaîté,

Un musicien doit savoir boire :

Lucien, je bois à ta santé !

Si tu veux plaire à quelque belle,

Le vin t' donn'ra de la couleur ;

Alors, plus d' femme assez cruelle

Pour résister à ta chaleur.

(Parlé.) Voilà c'que c'est... Aussi, quelle est la première clef qu'un musicien doit s'appliquer à connaître ?... Tu ne réponds pas !... Mais c'est la clef d'la cave : avec ça on entre partout, on ouvre toutes les bouches, tous les cœurs, et l'on s'fait des amis autant qu'on veut.

—Ma foi, c'est bien vrai; là-dessus j' suis d' ton avis.

—C'n'est pas tout : il faut qu' tu saches maint'nant

dans quelle mesure doit s'boire un verre de vin. — Dans quelle mesure... c' n'est pas dans un délicitre? — Tu n' me comprends pas; en combien d'temps! — Ah! ah! n'est-ce pas en deux temps? — Justement : dans l'premier temps, on vide son verre, et dans le s'cond on le r'pose sur la table... en attendant qu'on l'remplisse.

> Boir' par princip's, voilà, Lucien,
> Ce qui distingue un musicien.

> Je fais l' garçon, d'puis mon jeune âge,
> J' suis musicien, j' suis bambocheur ;
> Maint'nant j' veux goûter du mariage,
> Avec ma p'tite, oh! quel bonheur!
> Si parfois j' fais quelques ribotes,
> Ma femm' va m' faire un' tass' de thé ;
> Puis m' décrotter, cirer mes bottes,
> Et m' mettr' coucher à son côté.

(Parlé.) Oh!... en v'là d'la douceur!... Vous avez une épouse bien gentille; vous avez soin d'elle, vous la nourrissez bien, et en peu d'tems vous la voyez engraisser comme une dinde, à tel point, que d'une *blanche* qu'elle était, elle devient une *ronde*; sa valeur est doublée. Elle va toujours *crescendo* pendant deux cent soixante-dix jours; alors, tout-à-coup la bombe éclate!... vous voilà père, et vous avez un p'tit musicien qui arrive en chantant son premier *solo*.

> Le vin, les femm's, voilà, Lucien,
> C' qui donn' la vie au musicien.

Adieu! c'est pour toujours!..

Air nouveau par C. Constant.

Il m'a trompée en me disant : je t'aime ;
Il m'a ravi l'honneur et l'avenir !
Je veux mourir ! ma douleur est extrême,
Puisque jamais il ne doit revenir.
Il est parti, Lindor, ah ! le perfide,
En me disant : Adieu, c'est pour toujours !...
Sur son coursier, fuyant d'un pas rapide,
Il disparaît.... hélas ! c'est pour toujours !...

Ah ! c'est fini, maintenant plus de fête,
Ils sont passés, mes beaux jours, mon bonheur!
Le déshonneur vient planer sur ma tête,
Le désespoir est au fond de mon cœur !
    Il est parti, etc.

La pauvre Aline, en sa douleur amère,
  Demande au ciel un éternel repos ;
D'un innocent, hélas ! la voilà mère,
Sa voix s'éteint en murmurant ces mots :
Lindor ! Lindor ! reviens, amant perfide!
C'est ton enfant, ah ! viens à son secours !
Priez pour moi, vierge pure et candide,
Je meurs... Lindor ! adieu, c'est pour toujours !..

LA GARDE NATIONALE EN PRÉSENCE DES ENNEMIS.

Union et Fraternité!

C'EST LE CRI DES FRANÇAIS.

AIR : *Liberté sainte, après trente ans d'absence !*

Puisque leurs chefs ne veulent pas l'entendre,
Que dans la France il aille retentir !
L'opprobre seul est leur gloire à prétendre,
Leur haine, ensuite, va les engloutir !
Nous, nationaux, montrons un front d'audace
Pour repousser ces lâches ennemis !
Et qu'à nos pieds, cette troupe vorace
Tombe en poussière et laisse ses débris !

Montrons, Français, à ces soldats féroces,
Lâches tyrans, perfides assassins,
Que dans le sang leurs injures atroces
Vont se laver pour punir leurs desseins !
    Nous, nationaux, etc.

Ils ont voulu, dans leur humeur altière,
Violer la loi, notre honneur et nos droits ;
Mais notre garde étant là pour frontière,
Ils s'inclinèrent ; nous restâmes droits !
    Nous, nationaux, etc.

Soldats français, que notre sang bouillonne,
Et que le glaive arme nos bras vengeurs!
Roulez, tambours, l'honneur nous aiguillonne ;
Bravons la mort devant ces égorgeurs!
    Nous, nationaux , etc.

Les Saisons.

Air : Vous vieillirez, ó ma belle maîtresse!

Voyez là-bas cette belle campagne
Couverte de riches épis dorés ;
Un moissonneur suivi de sa compagne,
Ainsi que de ses enfans adorés,
Viendra bientôt, avec sa faulx tranchante,
Cueillir le fruit de ses nobles travaux ;
De grand matin, il l'entend, le coq chante,
Avant l'aurore il conduit ses chevaux.

Mais ces produits d'une terre féconde
Sont récoltés, mis en meule, en grenier ;
Puis dans la plaine, et partout à la ronde,
Le chasseur court et poursuit le gibier :
Le perdreau part d'une aîle chancelante,
Un coup mortel l'abat au même instant ;
Le chien s'élance, et, la gueule béante,
Va le saisir et revient en sautant.

D'épais brouillards, des frimats, des gelées,
Vont effeuiller les arbres languissans ;
La neige ensuite, emplissant les allées,
Blanchit le toit des joyeux paysans.
Le soir alors, au foyer qui pétille,
Viennent s'asseoir des voisins, des amans ;
On fume, on chante, on redit en famille
Plus d'un vieux conte affirmé des mamans.

L'hiver s'enfuit, et le soleil s'élève,
Sur l'univers il lance ses rayons ;
Tout reverdit, tout fleurit comme un rêve,
Le rossignol revient dans nos vallons.
Là, les amants, sous la feuille naissante,
Viennent s'asseoir sur un lit de gazon,
Près d'un ruisseau dont l'onde frémissante
Serpente au pied d'un chêne et d'un buisson.

Le réveil de la nature.

Air : *Que j'aime à voir les hirondelles.*

Tout était mort dans la nature :
Les champs, couverts d'un linceul blanc,
Quittent bientôt leur sépulture,
Et les fleurs naissent de leur flanc...

Le soleil brille sur nos têtes,
Elevant son front radieux ;
Tout nous paraît des jours de fêtes,
L'hiver nous a fait ses adieux.

Le ciel est pur et sans nuage ;
Le papillon va voltigeant
De fleur en fleur, léger, volage,
Peint à reflets vifs et changeant.
L'alouette monte joyeuse,
Portant au ciel ses chants d'amour ;
L'hirondelle à plume soyeuse
Traverse, et chante à son retour.

Puis la fauvette si gentille
Répète ses douces chansons ;
Vive et légère, elle sautille
En se cachant sous les buissons.
La tourterelle, elle, plus tendre,
Nous peint l'amour, la volupté.
Le rossignol se fait entendre :
Sa voix charme les nuits d'été.

Je t'aime!...

Air : *Si tu le vois, dis-lui que je l'adore.*

Tu me l'as dit, ô ma chère Pauline,
Tu me l'as dit, pour moi quel heureux jour!
J'entends encor ta voix sous l'aubépine,
Me répéter ce doux serment d'amour.
Mais, dis-le moi, dis, n'est-ce pas un rêve?
Un tel bonheur serait-il fait pour moi?
Répète encor, dis-moi, Pauline, achève...
Alfred peut-il se croire aimé de toi?

Je te comprends : ta bouche demi-close
Veut prononcer ce qu'expriment tes yeux ;
Mais à l'instant, ton haleine de rose
Laisse échapper un soupir amoureux.
C'est donc pour moi, ce trouble si visible,
Cette rougeur, cette timidité;
Tu m'aimes donc, et ton âme sensible
N'en peut cacher la douce vérité.

Est-ce bien toi, ma Pauline chérie?
Toi que j'entends murmurer doucement :
« Mon cher amant, mon Alfred pour la vie! »
Est-ce bien toi, mon ange au cœur d'aimant?

Quoi de plus doux que l'amour d'une femme?
Qui plus que moi sera fier d'être aimé?...
Je jure ici, devant Dieu, sur mon âme,
De t'adorer toute une éternité!...

Le mariage forcé.

Air nouveau par C. Constant.

Je l'ai juré par la Sainte Madone :
Mon Oscar seul possédera mon cœur !
Ma main, hélas! on veut que je la donne
Au vieux baron Raymond de Varencœur.
Puisqu'il le faut, j'obéis à mon père,
A mes parens, car je leur dois le jour ;
Mais un poignard, le lendemain, j'espère,
Rompra ce nœud contraire à mon amour !

C'est à minuit ! déjà l'heure s'avance,
Fuyons ce lieu, berceau de notre amour ;
Mon cœur s'agite, et je tremble d'avance,
Mais à tantôt !... ici mon dernier jour !
Puisqu'il le faut, j'obéis à mon père,
A mes parens, car je leur dois le jour ;
Mais le poignard, cette nuit, je l'espère,
Rompra ce nœud contraire à mon amour

Elle s'enfuit dans d'affreuses tortures ,
Car son amour , pour elle est immortel !...
Voilà minuit ! on entend les voitures...
Les fiancés vont se rendre à l'autel !
C'est là qu'il faut obéir à son père ,
A ses parens , puisqu'on leur doit le jour ;
Mais là finit l'esclavage , j' espère ,
On peut mourir pour son premier amour !

A son retour , légère comme une ombre ,
Mathilde vole au lieu du rendez-vous ;
Oscar l'attend , inquiet , triste et sombre ,
Mais près de lui Mathilde est à genoux :
Mon Dieu ! mon Dieu ! pardonnez à mon père ,
A mes parens , car je leur dois le jour ;
Pardonnez-moi , dans un instant , j'espère ,
Je vais mourir pour mon premier amour !

Embrassons-nous , adieu !... Mathilde tombe !!
Oscar saisit le fer encor fumant ,
Et dans son sein le plonge !.. Oscar succombe !!!
Leur sang ruisselle , on entend faiblement :
Mathilde !.. Oscar !.. au ciel !.. adieu mon père !!!
Triste tableau !... tel fut leur dernier jour !
En voyant fuir ce bonheur qu'on espère ,
Tous deux sont morts pour leur premier amour !

Un seul mot de ton cœur!

Air nouveau par C. Constant.

Ange aux noires prunelles,
Tu vas parmi les belles,
Brillant comme un soleil,
Sous tes cheveux d'ébène,
Luisants, tressés en chaîne,
Se montre, un front vermeil,
    Valérie,
    Si chérie,
Un seul mot de ton cœur
Peut faire mon bonheur!

Ton sourire m'enchante,
Et ta voix si touchante
Me pénètre d'amour.
Ta douceur et tes grâces
Fondraient un cœur de glaces
Moi, je brûle en ce jour.
    Valérie, etc.

Je voudrais, mais je n'ose,
Sur tes lèvres de rose
Déposer un baiser;

Puis sur ma blanche couche ,
Ma bouche sur ta bouche ,
Dans mes bras te presser !
Valérie , etc.

Nomme - moi ton amant !

Air nouveau par C. Constant.

Puis-je , gentille Rose ,
Espérer quelque chose ?
Aurai-je dans ton cœur
Une place au bonheur ?
Toi si tendre et si belle ,
Me serais-tu rebelle ?
Non ; dis : « je veux t'aimer ; »
Laisse-toi désarmer ,
O Rose si jolie ,
Viens embellir ma vie ;
Nomme-moi ton amant ,
C'est un nom si charmant !

La rose c'est l'emblème ,
Toi c'est la beauté même ;
Tu joins à la gaîté ,
L'esprit et la bonté.

Ton regard de finesse
Inspire la tendresse :
Tout en toi me séduit ,
Tout vers toi me conduit.
O Rose si jolie , etc.

Tu m'occupes sans cesse ,
Noble et belle déesse ;
Ton image me suit ,
Le jour et la nuit.
Le matin , je m'éveille ,
Et je pense à la veille :
Tu charmes mon esprit ,
L'avenir, me sourit.
O Rose si jolie ,
Viens embellir ma vie ;
Nomme-moi ton époux ,
C'est le nom le plus doux.

Modèle
D'UNE FEMME PARFAITE.

Air : *C'est vrai, Nestor, j'vois qu'la musique.*

Allons , avant qu' j'entre en matière ,
Sur un sujet encor nouveau ,

Grand'mère, ouvrez vot'tabatière :
Faut qu'je m'débouche un peu l'cerveau.
Voici l'modèl' d'un' femm' parfaite,
Pour la chercher j'courrai partout ;
Si j'n'en trouv' pas d'aussi bien faite,
Eh ! bien, ma foi, je m'pass'rai d'tout.

Je veux un'vierge à fine taille,
Fraîche et joli comme un p'tit s'rin ;
Qu'elle ait vingt ans et puis ma taille,
Beaucoup d'gaîté, jamais d'chagrin ;
Qu'aux beaux discours ell' soit rebelle,
Qu'ell' n'aim' que moi, toujours, partout ;
Et si j'n'en trouv' pas d'aussi belle,
Eh ! bien, ma foi, je m'pass'rai d'tout.

Je veux qu'ell' soit tendre et soumise,
Instruite et douc' comme un mouton ;
Propre, honnête, et toujours bien mise,
Sans affecter un trop grand ton.
J'veux qu'ell' soit riche et charitable,
Qu'l'économi' règne partout ;
Si j'n'en trouv' pas d'aussi traitable,
Eh ! bien, ma foi, je m' pass'rai tout.

Je veux qu'ell' soit bonn' cuisinière,
Femm' de ménage, et tout c' qu'il faut ;

Qu'ell' sach' tout fair' d' la bonn' manière,
Qu'ell' n'ait, enfin, aucun défaut.
Qu'ell' me dis' tout, qu'ell' soit fidèle,
Discrète, et pas jalous', surtout ;
J' la veux conforme à ce modèle,
Ou bien, ma foi, je m' pass'rai d' tout.

Un cent de Piquet.

Air : *C'est vrai, Nestor, j'vois qu' la musique.*

Arriv', Gustin, que j' te savonne,
C'est aujourd'hui que j' vas t' raser ;
Car au piquet faut que j' te donne
Un' leçon d' danse à t' fair' valser.
Tanas ! des cart's, un verr' de bière !
A toi Gustin ; lèv' si tu f'ras :
Tiens ! j' prends un roi pour la première,
Toi, c'est un neuf, ah ! tu l' gob'ras !

(Parlé.) Voyons, j'ai cinq cartes à j'ter... ça y est !...
T'as du bonheur que j'ne r'prends rien... Cinq cartes !
—C'est bon.—Voilà : cinq et trois font huit, et trois as,
onze ; je joue douze,... treize... quatorze... quinze...
seize... dix-sept, du pique, c'est trente à dix.

Encor deux coups, t'es mort, Gustin,
J' vas t'écorcher comme un lapin !

—Tu t' fais bien fier avec tes trente,
Prends garde un peu d'être enfoncé ;
J' pourrais qué qu'fois compter quarante ,
Et j' t'aurais bientôt surpassé.
C'est qu' j'ai six cart's et tierc' majeure,
Trois rois, trois dix , tout est-il bon ?
—Laiss'-là tes rois pour tout-à-l'heure ,
Et puis jou' dix , mon gros garçon.

(Parlé.) Ah ! c'est vrai, t'as trois as; mais, une
minute, en voilà six, et trois font neuf, et tierce au
roi, douze; je joue treize. — J'ai trois as, trois valets,
six ; voilà. — Quatorze, — six, — quinze, — six, — seize,
— six, — dix-sept, — six, — dix-huit, — six, — dix-neuf,
— sept, — dix-neuf, — huit, — dix-neuf, — neuf, — dix-
neuf, — dix, — dix-neuf, — onze, — vingt, vingt-et-un
et la derniere vingt-deux; j'ai la carte, ç'a m'fait
trente, et dix, quarante. — Quarante aussi.

Mais c' n'est rien d'ça, l'aut' coup, Gustin,
J' vas t'écorcher comme un lapin !

—Bois c' verr' de bièr', grand croqu'mitaine,
Nous t' verrons v'nir avec ton jeu ;
Mais un instant , faut r'prendre haleine :
Moi, j' fume aussi, pass'-moi du feu !
Si j' pouvais t' faire un' bonn' capote !
Ah ! non , c'est toi qui jou's premier ;
Mais c'est égal , tiens , j' fais ribote ,
Si j'ai l' bonheur d' pouvoir gagner !

5

(Parlé.) J'nai qu'cinq cartes ? — Cinq aussi. — Elles valent le huit. — C'est bon. — Voilà. Quatrième à l'as ? — Cré matin, j'en avais une à la dame ! — Cinq et quatre font neuf, et trois font douze, et trois rois, quinze ; seize !... dix-sept... dix-huit... dix-neuf... vingt... vingt-et-un. — Un... deux... trois... quatre, — vingt-et-un, — — cinq, — vingt-deux... vingt-trois... vingt-quatre... et vingt-cinq ꝟ — six et sept ; dix et quarante, cinquante. — A quatre-vingt !

Vîte, il est tems, sauv'-toi, Gustin ,
J'vas t'écorcher comme un lapin !

Allons, garçon, v'là l' four qui chauffe ,
Pour à présent, t' v'là bientôt cuit ;
Vois dans ton jeu si t'as d' l'étoffe ,
Puis, compt' trois septs et tièrce au huit.
— C'est à mon tour , maint'nant, à rire ,
Car tu perdras , et c'est bien fait !
Oui, j'ai gagné ! je l' vois, j' peux l' dire ;
Te v'là vaincu , j' suis satisfait.

(Parlé.) C'est un coup de cent !!! — Un coup d'sang ? Vîte, un médecin ! l'curé, l'vicaire, l'magister et tout l' bataillon, la légion , l'armée des soldats du pape ! — Voilà mon jeu : six cartes, quinte au valet et quatorze d'as ; tout cela fait-il un cent ? — Un instant, n'allons pas si vîte : voilà six cartes qui effacent les tiennes, une quinte royale et une tierce en cœur ; c'est plus qu'il ne m'en faut. — Cré matin !...

— J' te l'avais dit, vois-tu, Gustin ,
T' v'là rétendu comme un lapin !

Sylvestro le Pêcheur.

Air nouveau par C. Constant.

Vois, mon enfant, sur l'onde frémissante,
Vois s'éloigner la barque du pêcheur ;
Prie à genoux, pour qu'une main puissante
Veille sur lui, sur lui notre bonheur !

    Vierge Marie, oh ! bonne et tendre mère,
    Soyez toujours son ange conducteur ;
    Protégez-le, voilà notre prière,
    Veillez toujours sur le pauvre pêcheur !

Mon pauvre enfant, vois-tu ce gros nuage ?
Vois-tu ces flots agités par le vent ?...
L'éclair sillonne au loin ce fond d'orage,
Vîte à genoux, prions, mon pauvre enfant !
    Vierge Marie, etc.

Quel ouragan ! Quel bruit épouvantable !
La foudre gronde et tombe avec fracas !!
Pauvre pêcheur ! oh ! tempête effroyable !...
Mon Dieu, mon Dieu, sauvez-le du trépas !
    Vierge Marie, etc.

N'est-ce pas lui ?... n'est-ce pas un cadavre,
Que j'aperçois sur les flots agités ?...

Il nage encor ! le voici près du havre !...
— Ah ! Gianna ! Dieu nous a protégés !
Honneur et gloire à la reine des mères !
Car elle fut notre ange protecteur ;
Adressons-lui des concerts , des prières ,
Elle sauva Sylvestro le pêcheur !

Le clair de Lune.

Air : *J'aime les monts élancés vers les nues.*

Lorsque la nuit sur nous étend ses voiles,
Et que la lune éclaire l'horizon ,
Sous un beau ciel tout persemé d'étoiles ,
J'aime à rêver sur un lit de gazon :
     Bel ange de ma vie,
     O mes chères amours ;
     Dors, dors, ma douce amie,
     Je veille sur tes jours.

J'aime les champs et leur brise embaumée,
J'aime le frais et l'ombrage du soir ;
J'aime le toit où dort ma bien aimée ,
Mais j'aime mieux le feu de son œil noir.
     Bel ange , etc.

Quand tout repose, au milieu du silence ,
Lorsque l'oiseau cesse ses chants d'amour,

Mon âme, alors, s'extasie et s'élance!...
Je suis heureux d'avoir reçu le jour.

    Bel ange, etc.

O clarté sombre, où la fraîche rosée
Tremble et scintille en mille diamants!
O doux baiser d'une femme adorée,
Rêves d'amour qui charment les amants!...

    Bel ange de ma vie,
    O mes chères amours ;
    Près de toi , douce amie,
    Je veillerais toujours !

Le viveur.

Air : *J'ai vu, partout dans mes voyages.*

Ah! ça , messieurs, un peu d'silence ,
J'vais vous chanter mon p'tit couplet ;
Puis vous aurez la complaisance
D'nous dir' le votr' , si c'la vous plaît.
Je n'me fais pas tirer l'oreille ,
Quand il s'agit d'un bon repas ;
Et pour vider un' fin' bouteille ,
Je suis un homm' qui ne r'cul' pas.

J'suis partisan de tout's les fêtes :
Baptèm' , mariage et cœtera ;

C'est là qu'on fait toùt's ses conquètes...
Fêtons toujours , tant qu'ça dur'ra.
Lorsque j'préside à la cuisine ,
Qu'un poulet cri' pour son trépas :
Ah ! j'dis , coquin , tu m'fais la mine ,
Mais j'suis un homm' qui ne r'cul' pas.

Lorsque j'vais voir un camarade ,
J'tiens à savoir s'il a d'bon vin :
J'lui dis que suis un peu malade , ,
Il m'donne , alors , c'qu'il a d'plus fin.
Presque toujours j'suis en voyage ,
Pour mon plaisir j'fais bien des pas ;
Jamais j'ne r'fus' , quand on m'engage ,
Ah ! j'suis un homm' qui ne r'cul' pas.

Je m'crois heureux , quand j'suis à table ,
Quand j'bois avec de vrais amis ;
Quand le Champagne , vin délectable ,
Mousse et pétille en vrais rubis.
Lorsqu'un' beauté s'trouv' ma voisine ,
J'lui vant' ses grâc's et ses appas ;
J'tach' de l'emm'ner à la cuisine...
Là , j'suis un homm' qui ne r'cul' pas.

Le bon vieux médecin

CHANSON DÉDIÉE A M. WIARD.

Air : *Vous vieillirez , ó ma belle maîtresse.*

Voyez passer ce grave personnage ,
Vêtu de noir et la canne à la main ;
Ce frais vieillard , un peu blanchi par l'âge
Conserve encor cet air vraiment romain.
Voyez ses traits (expression de l'âme) ,
Ils témoignent la cordialité ;
Voyez son front, sondez son cœur de flamme,
Vous n'y trouvez que magnanimité.

La probité brille sur son visage ,
Et son regard exprime la bonté ;
Dans sa douceur vous voyez un présage
De sentimens nobles, mais sans fierté.
L'humanité base son caractère ,
Le dévouement anime sa raison ;
Il est heureux sur cette pauvre terre ,
Et le bonheur règne dans sa maison.

Il est aimé , chéri comme un bon père ,
Partout son nom est connu , vénéré ;
Le malheureux qui souffre et désespère ,
En le voyant se trouve rassuré.

Il est loyal , il est prudent et sage ,
Il aime aussi la franche vérité ;
Aussi , partout il voit sur son passage
Un peuple ami dont il est respecté.

Il faut le voir , il faut l'entendre à table ,
Placer son mot , rire avec ses amis ;
C'est là qu'il goûte un plaisir véritable
Qui surpasse celui qu'il s'est promis.
Toujours il verse, il trinque, il veut qu'on vide
Un verre frais de vieux vin généreux ;
Tant que chacun ait la face livide ,
Il verse et dit : Buvons pour être heureux.

Buvons.

CHANSON FAITE POUR UN BAPTÊME.

Air : *Toi qui vas cherchant à la ronde.*

Triquons , buvons , vidons nos verres ,
Le plaisir vient nous réunir ;
Chantons en chœur , triquons en frères ,
La gaîté ne doit pas finir.

Puisque madame nous invite
A partager ce gai repas ,

Pour l'embellir, chantons, et vite,
Amis, buvons, ne tardons pas.
   Trinquons, etc.

Pour faire honneur à cette fête,
Chantons chacun notre refrain ;
Et pour la rendre plus complète,
Amis, buvons jusqu'à demain.
   Trinquons, etc.

Dans ce jour de réjouissance,
Félicitons les deux époux ;
Et pour fêter cette naissance,
Buvons toujours, rien n'est plus doux.
   Trinquons, buvons, vidons nos verres,
   Le plaisir vient nous réunir ;
   Chantons en chœur, trinquons en frères,
   La gaîté ne doit pas finir.

FIN.

TABLE.

FIN DE LA TABLE.

www.ingramcontent.com/pod-product-compliance
Lightning Source LLC
Chambersburg PA
CBHW070943280326
41934CB00009B/1995